Bellah Leite Cordeiro

ILUSTRAÇÕES: JOTAH

COMUNICAÇÃO E BOAS MANEIRAS
PARA CRIANÇAS

Dados Internacionais de Catalogação na Publicação (CIP)
(Câmara Brasileira do Livro, SP, Brasil)

Cordeiro, Bellah Leite.
    Comunicação & boas maneiras para crianças / Bellah Leite Cordeiro ; ilustrações Jotah — 10. ed. — São Paulo : Paulinas, 2010. — (Coleção fazendo história)

    Bibliografia
    ISBN 978-85-356-2654-4

    1. Comunicação 2. Educação de crianças 3. Etiqueta infantil e juvenil I. Título II. Série.

10-05124   CDD-649.6
                                                                                -001.5088054

Índices para catálogo sistemático:

1. Boas maneiras infantis : Educação doméstica 649.6
2. Comunicação para crianças 001.5088054
3. Crianças : Boas maneiras : Educação doméstica 649.6

10ª edição – 2010
5ª reimpressão – 2018

Revisado conforme a nova ortografia

Direção-geral: *Flávia Reginatto*
Editora responsável: *Maria Alexandre de Oliveira*
Assistente de edição: *Rosane Aparecida da Silva*
Coordenação de revisão: *Marina Mendonça*
Revisão: *Sandra Sinzato*
Direção de arte: *Irma Cipriani*
Assistente de arte: *Sandra Braga*
Gerente de produção: *Felício Calegaro Neto*
Produção de arte: *Telma Custódio*

Nenhuma parte desta obra poderá ser reproduzida ou transmitida por qualquer forma e/ou quaisquer meios (eletrônico ou mecânico, incluindo fotocópia e gravação) ou arquivada em qualquer sistema ou banco de dados sem permissão escrita da Editora. Direitos reservados.

Paulinas

Rua Dona Inácia Uchoa, 62
04110-020 – São Paulo – SP (Brasil)
Tel.: (11) 2125-3500
http://www.paulinas.com.br – editora@paulinas.com.br
Telemarketing e SAC: 0800-7010081
© Pia Sociedade Filhas de São Paulo – São Paulo, 1987

COMUNICAÇÃO

"Gente não vive sem gente!" Essa é uma grande verdade! Veja só de quantas pessoas dependemos desde que acordamos pela manhã. Basta reparar em nosso café da manhã. Para tomar um leite quentinho e gostoso, coisa que parece tão simples, foi preciso: pessoas criarem e cuidarem da vaca, alguém tirar-lhe o leite, outros o transportarem, outros o colocarem na embalagem, alguém o fazer chegar a nossa casa, e alguém, com carinho, fervê-lo e colocá-lo na mesa para nós.

O café? Por quantas mãos passou!
Foi plantado, tratado, colhido, secado, despolpado, beneficiado, torrado, moído e coado antes de chegar até nós.
O mesmo acontece com o pão, desde o plantio do trigo até chegar à nossa mesa. Quanta gente trabalhou para nós!…

Assim é com tudo o que usamos. Nossas roupas, nossos livros e mais mil coisas que vocês mesmos irão descobrindo.
Já pensaram quantas pessoas colaboram conosco e nos ajudam todas as manhãs?

É legal demais a gente pensar que faz parte de um todo que é a humanidade! Nesse todo, temos a nossa parte de receber... Mas também temos a nossa parte de dar...
São os nossos direitos e os nossos deveres. Como somos todos irmãos, é justo que nos ajudemos uns aos outros, pelo menos cada qual cumprindo direitinho com as suas tarefas e obrigações.

Por isso é tão importante a gente estudar bem e se preparar para o futuro! Poderemos ser muito úteis à humanidade.

Foi assim que os grandes inventores e os grandes homens se prepararam e usaram a inteligência e o preparo para o bem comum.

Todos precisam de nós
e nós precisamos de todos.
Aí é que surge a necessidade
de nos comunicarmos uns
com os outros.
Quanto melhor for a
comunicação, mais fácil e
agradável se torna a vida.
Qual será o meio mais fácil,
simples e natural de nos
comunicarmos?
A fala, isto é, A PALAVRA.
É muito importante, pois,
cultivar o DOM DA PALAVRA.
Falando com clareza…
bem explicado…
e o mais simples possível!…

Nada de ter medo de falar!
Falar todas as vezes que tiver alguma coisa para dizer.
Porém, sem se precipitar…
e pensando no que vai dizer.
Existe muita gente que exagera!
Fala demais, aborrecendo todo mundo!…
Outros põem a vida toda a público!
E a da família também… contando tudo o que se passa em casa…
Há também os que vivem fazendo fofocas e falando mal dos outros…
Que acham disso?
Aí, entra uma coisa muito importante: o respeito por si mesmo e pelos outros.

É também uma questão de CRITÉRIO.
Mas... o que será esse negócio de critério?
Critério é uma reflexão que cada um faz
antes de falar ou de agir, para verificar
se o que vai dizer ou fazer não irá prejudicar
os outros ou a si mesmo.
Isso também se chama BOM SENSO
e ajuda incrivelmente as pessoas que
o possuem. Quem não o tiver muito
desenvolvido poderá perfeitamente
se exercitar e conseguir essa qualidade
tão importante para todos: é só fazer
uma paradinha antes de começar a falar
para dar uma peneirada no que vai dizer
(esse hábito pode ajudar muito).

Existem várias maneiras
de nos comunicarmos:
o olhar...
o sorriso...
a palavra falada...
a palavra escrita...
a mímica...
os gestos...
o canto...
brinquedos de roda
e jogos coletivos...
expressão corporal...
e muitas outras.

Há também:
televisão...
cinema...
rádio.
teatro...
circo...
música...
telefone...
correio...
internet...
a própria escola,
além de muitos outros.

Tudo isso nos põe em contato com os nossos semelhantes e estabelece o intercâmbio entre as pessoas, unindo suas ideias. Há muita gente, porém, que fala muito bem, mas não sabe ouvir! Não dá oportunidade para os outros falarem...
OUVIR também é um meio de comunicação! E muito importante!
Saber ouvir é uma arte! Quantas vezes podemos ajudar muito apenas ouvindo o que alguém tem a dizer!...

Veja agora uma coisa que parece estranha: apesar de hoje em dia existirem tantos meios de comunicação, há no mundo milhares e milhares de pessoas solitárias, embora rodeadas de gente! Sabia?
Nas ruas…
nas escolas…
e até nos próprios lares…
por falta de comunicação!
Às vezes nós mesmos contribuímos para nosso próprio isolamento e para o isolamento dos outros…
Talvez por não querermos ou não sabermos comunicar-nos.
Ou, quem sabe, por nunca termos pensado e observado todas essas coisas.

Como é bom a gente se comunicar, fazendo com que os outros
conheçam as coisas lindas que temos dentro do nosso coração
e da nossa cuca! Por que não?
Coisas que pensamos... coisas que sonhamos... coisas que inventamos...
Há pessoas que precisam ser ajudadas. Nós podemos tentar descobrir,
com amor, as dificuldades dos outros e ajudá-los a vencê-las.
E há vezes que os outros podem nos ajudar. E muito!
Muito importante é desenvolver e cultivar o ESPÍRITO CRÍTICO.
Já imaginou, por exemplo, se fôssemos acreditar em tudo
o que os anúncios dizem?
Quanto exagero! Quanta mentira!
A gente sabe perfeitamente que tudo aquilo é só para vender o produto,
e, muitas vezes, não passa de enganação pra cima de nós...
E os programas de televisão?
Podemos acreditar em tudo o que eles dizem?
Achar certo tudo aquilo que vemos? Claro que não!

É tão gostoso saber distinguir as coisas boas das coisas más... a verdade da mentira...
É muito útil a gente saber analisar e julgar!
Assim não se vai facilmente na conversa dos outros.

Cada um de nós é um ser livre! Ninguém pode nos obrigar a fazer algo que achamos errado.
A verdade é que, no fundo, todos admiram e respeitam aqueles que agem com lealdade, sinceridade e honestidade!

APROVEITAMENTO DA LEITURA

1. Explique por que gente precisa de gente.
2. Por que não podemos viver sozinhos?
3. Quais são nossos direitos na sociedade em que vivemos?
4. Quais são nossos deveres?
5. Qual é o meio mais fácil e natural de nos comunicarmos?
6. Como cultivar o dom da palavra?
7. Que é critério ou bom senso?
8. É necessário saber ouvir? Por quê?
9. Por que é tão importante desenvolver o espírito crítico?
10. Qual a vantagem de sermos seres livres?

BOAS MANEIRAS

Todo mundo gostaria de ser charmoso, elegante e educado!
Claro! Isso é superlegal!...
Essas qualidades, além do mais, nos abrem portas e nos deixam sempre bem, onde quer que estejamos.
No entanto, ser charmoso, elegante e educado não depende de dinheiro, posição social, cor e nem de beleza física.
Qualquer um pode ser, se quiser...
Essas coisas vêm de dentro para fora.
São as qualidades e a disposição para a boa convivência que se refletem no exterior. (Qualidade e disposição que a gente aprendeu, estudou, observou na vida; todos os dons e dotes, dados a nós por Deus, e também as atitudes boas que vamos exercitando e aprimorando dentro de nós.)
Sabia que o charme, a elegância e a educação podem perfeitamente ser desenvolvidos e cultivados em nós?
É facílimo! Querem ver?

Como se reconhece uma pessoa elegante?
A própria pessoa revela isso aos outros.
Pela sua postura, isto é: pelo seu jeito de ficar de pé, pelos gestos, comportamento e atitudes.

Quem é elegante fica de pé numa posição bonita e correta: sem ser de pernas abertas, sem ficar se encostando nos móveis, portas ou paredes.
Mantém a cabeça numa posição natural.
Não fica olhando para todos os lados, reparando em tudo e em todos…; ou mexendo nas coisas dos outros.

Pelo modo de andar:
não anda sacudindo os braços, nem gingando, nem esbarrando nas pessoas, dando encontrões.

Mas sim anda olhando para a frente, com calma, e respeitando os transeuntes.

Reconhece-se ainda quem
é educado pelo seu modo
de sentar-se:
a pessoa não se atira pelas cadeiras,
e sim senta-se com modos discretos,
com as pernas bem colocadas
e posição correta.
Dá de boa vontade
seu lugar às pessoas idosas,
ou às senhoras,
quando estas estão de pé.

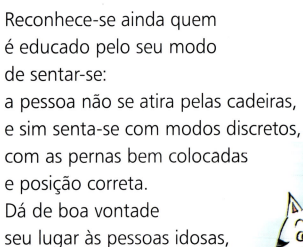

E também pelo modo de comer:
quem não é educado, come de boca aberta...
não utiliza os talheres corretamente.
Chupa a sopa da colher para a boca...
faz barulho quando come... morde o pão
e puxa... fala com a boca cheia de comida...
senta-se à mesa com modos inadequados
e avança na comida antes de ser servido.
Que coisa mais feia!

Qual é o jeito elegante e correto de comer?
É justamente fazendo o contrário do que vimos
na outra página:
mastigar discretamente, sem barulho e com a boca fechada,
segurar nos talheres corretamente,
não chupar a sopa, mas colocá-la na boca sem fazer ruído,
cortar com as mãos um pedacinho de pão de cada vez
e colocá-lo na boca.
Nunca falar com a boca cheia!
Não comer nem depressa nem devagar demais.

Antes das refeições, deve-se lavar muito bem as mãos. Isso também faz parte da boa educação, além de ser uma regra de higiene.

Sentar-se à mesa com naturalidade, sem afetação, numa posição elegante e simples.

Não abaixar a cabeça até o prato para comer,
mas levar a comida com o garfo até a altura da boca;
sem levantar o cotovelo feito uma asa! Repare na figura!
É feio pra valer!

Conhece-se ainda a educação das pessoas pelo modo de falar:
quem é educado não fala alto demais... fala com calma... com clareza... olhando sempre para a pessoa com quem está falando.
Não faz caretas ao falar... não diz palavrão... procura usar uma linguagem correta.
Jamais dá gargalhadas exageradas! Isso tira a elegância de qualquer um!
Muitas vezes, a gente repara essas coisas nos outros e acha horrível!
Será que essas pessoas não percebem que agindo assim transmite uma imagem bem feia de si mesmas?
Nós temos de zelar também pelas nossas atitudes...

Podemos reconhecer as pessoas educadas pelo modo com que tratam os outros.
Quem é educado mesmo, tem sempre uma palavrinha amável e simpática para todos.

Procura dar uma ajudazinha a quem está precisando… tem atenção para com as pessoas idosas… cuidados especiais com as criancinhas… é sempre delicado com todos, tanto nas perguntas como nas respostas. Trata todo mundo igualmente, sem discriminações.
É atencioso e amável, sem ser exagerado, tornando-se, assim, uma pessoa agradável a todos.

Tudo isso é tão gostoso de fazer!...
É um barato a gente ser simpático! E é uma delícia poder ajudar os outros!...

E como o charme e a elegância são coisas que vêm de dentro para fora,
já imaginou se cultivarmos nossa beleza interior:
a bondade, a generosidade, a verdade, a calma, a alegria, a tranquilidade,
e outras qualidades que podemos perfeitamente desenvolver?
Como ficaremos lindos!
Pois tudo isso vai refletir-se em nosso exterior...

Se estudarmos e lermos bastante, estaremos também aprendendo mais sobre o discernimento e as regras para uma boa convivência!
Então, sim, seremos charmosos, elegantes e educados!

É isso aí!
Essas coisas são ferramentas poderosas a nosso favor para uma vida melhor!
Claro! Seremos muito mais felizes!
Poderemos ajudar melhor os outros, além de nos tornarmos cidadãos mais úteis à sociedade.
Estaremos preparados para realizar melhor, neste mundo, aquilo que o Pai do Céu espera de cada um de nós.

APROVEITAMENTO DA LEITURA

1. Por que é tão legal a gente ser charmoso, elegante e educado?
2. Será difícil conseguir isso?
3. Reconhece-se uma pessoa educada pelo modo de ela sentar-se?
4. Quem é educado come de boca aberta? E chupa a sopa da colher para a boca?
5. Qual é o modo certo de se tomar sopa?
6. As pessoas bem-educadas dão gargalhadas exageradas?
7. Como é que as pessoas educadas tratam os outros?
8. O que acontece se cultivarmos nossa beleza interior?
9. Se estudarmos e lermos bastante, o que acontecerá?
10. Por que, se formos charmosos, elegantes e educados, seremos muito mais felizes?